Reinhard Abeln
Zum Glück gibt's Enkelkinder

Reinhard Abeln

Zum Glück gibt's Enkelkinder

Quell

Originalausgabe

Die Deutsche Bibliothek – CIP-Einheitsaufnahme

Abeln, Reinhard:
Zum Glück gibt's Enkelkinder / Reinhard Abeln. –
Orig.-Ausg., 5. Aufl., 16.–18. Tsd. –
Gütersloh : Quell, 1999
ISBN 3-579-03400-6

ISBN 3-579-03400-6
5. Auflage (16.–18. Tsd.), 1999
© Quell / Gütersloher Verlagshaus, Gütersloh 1994

Umschlaggestaltung: Otfried Kegel
Umschlagmotiv: Auguste Renoir, »Mädchen mit
Gießkanne« – © Artothek, Peissenberg
Gesamtherstellung: Maisch & Queck, Gerlingen
Gedruckt auf chlorfrei gebleichtem Werkdruckpapier
Printed in Germany

Inhalt

Was ist eine Großmutter?

Eine Großmutter ist eine Mutter, die eine zweite Chance bekommt.

*

Großmüttern kann man all die schlimmen Dinge erzählen, die man seiner Mutter nicht sagen kann. Und dann erzählen sie einem, was für schlimme Sachen sie früher selbst angestellt haben.

*

Eine Großmutter stopft die kleinen Kinder mit Süßigkeiten voll und geht heim, ehe es ihnen schlecht wird.

*

Großmütter sind oft Witwen, und deshalb muß man sie oft besuchen.

*

Eine Großmutter ist äußerlich alt und innerlich jung.

Im großen und ganzen mag ich Großmütter gut leiden, vor allem, da ich ja weiß,
daß ich eines Tages wahrscheinlich als eine
enden werde.

*

Mit einer Großmutter hat man zwei Zu-
hause: eins bei sich und eins bei ihr.

*(Aus Schulaufsätzen von Kindern
zwischen 7 und 14 Jahren)*

Die edelsten und zärtlichsten Gefühle
entwickeln alte Menschen
ihren Enkelkindern gegenüber.

Simone de Beauvoir

Ein Wort zuvor

Liebe Großeltern,
wissen Sie, welch große Bedeutung Ihnen
heute im Umgang mit Ihren Kindern und
Enkelkindern zukommt? Leider gibt es immer wieder banale Mißtöne und tragische
Irrtümer, wenn vom Umgang der Generationen miteinander die Rede ist.

Ich darf Ihnen versichern, daß Sie als
Großeltern viel für die »junge Familie«, besonders für deren Sprößlinge, tun können.
Sie sind aufgrund Ihres Alters und Ihrer Lebenserfahrung innerlich zur Ruhe gekommen und darum die idealen Partner für
Ihre Enkel: Sie haben Geduld, verfügen

über Zeit, können zuhören und trösten, sind liebevolle Gesprächspartner.

Damit ist Ihre besondere Aufgabe als Oma und Opa beschrieben. Es wird Ihnen Spaß machen, wenn die Kinder Sie als erwünschte Partner anerkennen und mit ihren Fragen, Problemen und Sorgen zu Ihnen kommen. Und: Sie werden mit Ihren Enkeln wieder jung! Denn Enkel schenken Ihrem Leben Sinn und Lebensfreude.

Ich möchte in diesem Buch ein wenig mit Ihnen über den Wert und die Bedeutung der Großelternschaft nachdenken. Die beiden ersten Kapitel sind etwas allgemeiner und grundsätzlicher gehalten, die folgenden Ausführungen schildern mehr persönliche Erlebnisse und Erfahrungen. Dazwischen eingestreut sind kleine Geschichten und Sinnsprüche.

Über die ungeheure und unersetzliche Wichtigkeit der *Mutter* (besonders für die ersten fünf Jahre des Kindes) sind im letzten Jahrzehnt Berge von Büchern geschrieben worden. Über die Wichtigkeit des *Va-*

ters für die seelische Entwicklung eines Kindes ist in den letzten Jahren ebenfalls zunehmend geschrieben worden – von pädagogischen, psychologischen und soziologischen Standpunkten aus. Dagegen hat man über die Rolle und Bedeutung der *Großeltern* bislang nur sehr wenig zu Papier gebracht.

Dieses Buch will Ihnen in Ihrer Rolle als Oma bzw. Opa eine kleine Hilfe sein. Es enthält Anregungen, die Sie überdenken und ausprobieren können. Wahrscheinlich kommen Ihnen dann auch Einfälle, die viel besser zu Ihrer Situation, zu Ihren Kindern, zu Ihren Enkelkindern passen.

Es wäre mein Wunsch, daß Sie erkennen, wie schön es ist, Kindern durch Zeit, Zuwendung und Geduld den Weg ins Leben zu bahnen!

Reinhard Abeln

*Drei Dinge sind uns aus dem Paradies ge-
blieben: Sterne, Blumen und Kinderaugen.*

Dante Alighieri

*

*Oft sind Kinder nur deshalb so schwierig,
weil ihre Eltern ein so schlechtes Gedächt-
nis haben.* Sprichwort

*

*Jedes Kind bringt die Botschaft mit sich,
daß Gott die Menschheit noch nicht aufge-
geben hat.* Rabindranath Tagore

*

*Kinder sind Rätsel von Gott, sind schwerer
als alle zu lösen, aber der Liebe gelingt's,
wenn sie sich selber bezwingt.*

Friedrich Hebbel

Großvaters Weihnachtsgeschenk

Die Großväter sind es, die um die Weihnachtszeit die schönsten Spielzeuge kaufen. Für die eigenen Kinder genügte noch eine kleine Eisenbahn mit einem runden Schienenkranz und eine Puppe von handlichem Ausmaß, die Enkelkinder werden meist wie Königskinder beschenkt, denn was ein rechter Großvater ist, der greift vor Weihnachten für sein Enkelkind so lange in den Beutel, bis er den Bodensatz der roten Pfennige erreicht.

Ich unterscheide mich in nichts von anderen Großvätern. Wenn ich die Weihnachtsgeschenke zusammenzähle, die ich für das Fest nach Hause getragen habe, so könnte ich leicht drei Enkelkinder damit beschenken; ich habe aber nur eines. Peter heißt der Kleine, vier Jahre ist er alt und mein ganzer Stolz, verzeiht es mir. Die Leute sagen, er sehe mir ähnlich, aber das ist nicht wahr; ich war nie ein so schönes Kind, auch kein so kluges, er wird es einmal viel weiter im Leben bringen als ich. Er ist meiner Tochter Kind, die selbst erst fünfundzwanzig ist. Sie wohnen nur ein paar Straßen entfernt von mir, keine zehn Minuten, was für ein Glück für einen Großvater. Trotzdem ich gar nicht mehr gut zu Fuß bin, steige ich doch täglich die drei Stock zu ihrer Wohnung hoch, um den Kleinen zu sehen und mit ihm zu spielen. Wir unterhalten uns ganz ernsthaft, man mag es glauben oder nicht, aber mit ihm geht mir der Gesprächsstoff nie aus; ich bin ihm ein besserer Zuhörer als sonst den Erwachsenen.

»Du darfst zu Weihnachten nicht nur an deinen Enkel denken, Johannes«, sagte meine Frau zu mir, »du mußt auch deiner Tochter und ihrem Mann etwas schenken.«

Ich brummte in meiner Art:

»Was ich dem Kind schenke, schenke ich auch der Mutter. Und was meinen Herrn Schwiegersohn betrifft, für ihn habe ich bereits ein Geschenk.«

»Im Ernst, Johannes?«

»Ja. Ihm werde ich zu Weihnachten verzeihen, daß er mir vor fünf Jahren meine Tochter weggenommen hat.«

Meine Frau, die Klügere, schüttelte den Kopf. »Wir können vor ihnen nicht mit leeren Händen dastehen, es wäre das erste Mal – du mußt ein Weihnachtsgeschenk für deine Tochter und auch für ihren Mann haben, Johannes.«

Ich wehrte mich energisch.

»Wieso?« rief ich. »Ich bin doch immer der Geprellte. Kaufe ich meiner Tochter einen schönen Teppich, läuft er darauf herum und hat immer warme Füße – schenke ich ihr ein Kleid oder einen Mantel, wer hat den Vorteil? Er, denn er kann sich mit ihr zeigen und mit der eleganten Frau bewundern lassen. Schenke ich ihr ein Parfüm, wer riecht es? Er und immer wieder er!«

Ich unterscheide mich in nichts von anderen Schwiegervätern. So sind alle.

»Du mußt ihnen zu Weihnachten trotzdem eine Freude machen, Johannes.«

»Nun gut, ich werde es mir überlegen.« –
Ich ging lange mit mir zu Rate. Drei
Tage vor Weihnachten kam mir der gute Ge-
danke. Ich ging hin und kaufte es. Ein Geschenk für beide. Für meine Tochter und
meinen Schwiegersohn zusammen. Daß
ich nicht früher auf die Idee gekommen
war! Stolz trug ich das Geschenk nach
Hause.

»Du strahlst, Johannes?«

»Ich habe für die Kinder ein Weihnachtsgeschenk gekauft.«

»Fein, Johannes! Was ist es?«

»Ein Theaterabonnement.«

»Ein Theaterabonnement?«

»Oper und Schauspiel gemischt. Jede Woche eine Vorstellung. Zwei Plätze in der
achten Reihe Parkett.«

Meine Frau bekam schmale Lippen.

Das bekommt sie immer, wenn ich eine
Dummheit gemacht habe.

»Johannes! Unüberlegt wie immer!«

»Im Gegenteil. Alles genau bedacht und
erwogen.«

»Die Kinder können doch gar nicht ins Theater gehen!«

»Warum nicht? Sind sie amusisch?«

Wenn meine Frau es gewagt hätte, hätte sie mir an die Stirn getippt.

»Sie haben doch den Kleinen! Sie können ihn doch nicht jede Woche einen ganzen Abend allein in der Wohnung lassen.«

Da strahlte ich glücklich über das ganze Gesicht, legte meinen Arm um meine Frau und sagte: »Deswegen schenke ich ihnen ja das Theaterabonnement. Auf diese Weise müssen sie jede Woche einmal den Kleinen am Abend zu uns herüberbringen, und er wird die ganze Nacht bei uns schlafen – das hast du dir doch immer so gewünscht – da, nimm das Taschentuch und putz dir die Nase…«   *Jo Hanns Rösler*
                                        © Kitty Rösler

Kinder und Uhren dürfen nicht beständig aufgezogen werden, man muß sie auch gehen lassen.
Jean Paul

*

Die Seele eines Kindes ist heilig, und was vor sie gebracht wird, muß wenigstens den Wert der Reinheit haben.
Johann Gottfried Herder

*

Kinder sind nicht nur freundliche Lichtstrahlen des Himmels und Gottesgrüße, sondern auch ernste Fragen aus der Ewigkeit und schwere Aufgaben für die Zukunft.
Friedrich Schleiermacher

*

Wo Kinder sind, da ist ein goldenes Zeitalter.
Novalis

Großeltern sind ein
unschätzbarer Reichtum

»Großmütter und Großväter sind für die Familie ein Segen.«

In diesem einen knappen Satz ist ausgedrückt, was uns erfahrene, im Umgang mit Enkeln geübte Erzieher immer wieder bestätigen: Großeltern sind wichtig für die Entwicklung eines Kindes, besonders für dessen seelische Entfaltung. Oma und Opa können ihren Enkeln Entscheidendes für das Leben mitgeben.

Man darf noch einen Schritt weitergehen und sagen: Noch zu keiner Zeit waren Großeltern so wertvoll wie heute. Jedes zweite Kind unter sechs Jahren in der Bundesrepublik wird von Oma oder (und) Opa betreut, weil die Mutter berufstätig ist. Die Großmutter kocht, füttert und tröstet. Der Großvater erzählt, liest vor oder geht mit zum Spielplatz.

Hunderttausende von Kindern gehen

nach der Schule nicht nach Hause in die elterliche Wohnung, sondern zu ihren Großeltern, wo sie halbe Tage, Wochenenden, ganze Urlaubswochen, vielleicht ihre halbe Kindheit verbringen.

Großeltern sind so etwas wie ein »seelischer Kachelofen« für die Kinder: Sie strahlen Wärme und Behaglichkeit aus. Das liegt nicht allein an ihrer Lebenserfahrung, sondern vor allem daran, daß sie Zeit haben – Zeit zum Erzählen, Zeit, um mit sanften Worten kindlichen Kummer wegzutrösten, Zeit zum geduldigen Zuhören, wenn Kinder von ihren Erlebnissen berichten möchten. Das Fehlen von Großeltern ist für die Enkel ein spürbarer Verlust!

Von Johann Wolfgang von Goethe wissen wir, wie gerne er als Kind im Wirtshaus seiner Großeltern zu Besuch war. Ein Niederschlag seiner Kindheitseindrücke findet sich in den Wirtshausszenen seiner Werke – von der Herberge im Walde im »Götz von Berlichingen« bis zu Auerbachs Keller im »Faust«.

Welch ein Segen es ist, eine Oma und einen Opa zu haben, das erfahre ich wiederholt gerade von den Frauen, die keine mehr haben. Sie würden sich glücklich preisen, wenn sie einmal ihre Kinder beruhigt den Großeltern überlassen könnten, wenn sie nicht zu jedem Friseurbesuch und jedem Einkauf die Kleinen und Kleinsten mitschleppen müßten, wenn sie nicht gezwungen wären, bei Urlaub, Krankheit oder Umzug immer nach einer hilfreichen Nachbarin oder einem Babysitter Ausschau zu halten.

»Ihr habt's gut! Ihr könnt eure Kinder bei den Großeltern abgeben!« Solche Bemerkungen kann man oft von Müttern und Vätern hören, die kleine Kinder haben, aber keine Eltern in der Nähe. Sie sehen neidvoll auf jene jungen Familien, die auf Großeltern zurückgreifen können und bei diesen einen willkommenen »Parkplatz« für ihren Nachwuchs finden.

Daß auf der anderen Seite viele Ehepaare die Großeltern als ein großes Problem in der Erziehung ihrer Kinder betrachten, liegt nicht zuletzt daran, daß sie fürchten, ihre Jungen und Mädchen würden von Oma und Opa zu sehr verwöhnt und »verzogen«. »Wenn die Großeltern doch endlich begreifen würden, welch schlechten Dienst sie ihren Enkeln mit der ganzen Verwöhnerei, mit der verkehrten Nachsicht und mit dem ständigen Umsorgen erweisen«, hört man sie stöhnen.

Zugegeben: Es kann passieren, daß Großmutter und Großvater ihre Enkel verwöhnen, ihnen so manchen Wunsch erfüllen und ihnen hier und da etwas Besonderes zukommen lassen. Auf ein zweites Eis kommt es ihnen nicht an; auch die Tüte Bonbons, die Flasche Cola, das entzückende Püppchen oder das neueste Comic-Heft sind von Oma und Opa leichter zu bekommen als von Vater und Mutter.

Aber man kann solche Konflikte eingrenzen. Kinder werden immer wieder versuchen, Eltern und Großeltern gegeneinander auszuspielen. Doch das funktioniert natürlich nur, wenn alle mitspielen. Dabei ist es sicherlich für alle Beteiligten von Vorteil, wenn man *gemeinsam* etwas für das Kind tun kann und nicht *gegeneinander*. Die Beliebtheit bei den Enkelkindern sollte doch eigentlich nicht von den Süßigkeiten abhängen, die die Eltern verbieten, die Großeltern aber freudig an die Enkelkinder verschenken. Es ist überdies eine nette Geste von den Großeltern, wenn sie stillschweigend Erziehungsgrundsätze akzeptieren, von denen sie wissen, daß sie für die Eltern wichtig sind.

Die Enkel kommen – trotz oder vielleicht wegen des großen Altersunterschiedes – oft auch mit ihren Sorgen zu Oma und Opa. Großelten haben häufig das richtige »Gespür« und finden das passende Trostpflästerchen für den ersten Liebeskummer, das verlorene Fußballmatch oder die nicht ganz erfolgreich abgeschlossene Prüfung.

Eine verwitwete Lehrerin und Großmutter schreibt: »Die Enkel machen mir große

Freude. Sie vertrauen mir sogar Herzensdinge an, die sie ihren Eltern verschweigen. Auch wollen sie viel aus der Vergangenheit unserer Familie wissen. Das alles tut einer Großmutter gut.«

Auch auf »Überraschungsangriffe«, etwa der Art, daß noch wenige Stunden vor einer Geburtstagsfeier ein Geschenk gebastelt werden muß, sind die Großeltern vorbereitet. Sie haben »auf Lager«, was notwendig ist, um noch in allerletzter Minute ein hübsches, persönliches Kunstwerk zaubern zu können.

Und in »heiklen« Situationen – etwa wenn der Hausfriede schiefhängt oder wenn man fest davon überzeugt ist, Grund zur Eifersucht zu haben – kann man sich der Großmutter anvertrauen. Sie hat dies ja auch selbst irgendwann mal erlebt oder sieht sich mit diesen Problemen heute noch konfrontiert. Sie kann also manchen wertvollen »Geheimtip« aus eigener Erfahrung geben.

Gute Großeltern zeichnen sich also dadurch aus, daß sie letzter Fluchtpunkt sind, bevor alle Stränge reißen. Sie sind ein verläßlicher Rückhalt. Vor kurzem sagte eine Mutter zu ihrem fünfjährigen Sohn, der sie ein wenig unvorsichtig geschubst hatte: »Vorsicht, du brauchst mich noch!« Darauf erwiderte der Junge verschmitzt-keck: »Meinst du? Schließlich habe ich ja auch noch Großmutter!«

Der amerikanische Schriftsteller Mark Twain erzählt:

Zu einem Mann, der recht klug war, kam einmal ein Junge und sagte: »Ich verstehe mich mit meinen Eltern nicht mehr. Jeden Tag Streit. Sie sind so rückständig. Sie haben keinen Sinn für Modernes. Was soll ich machen? Ich laufe aus dem Haus!«

Der Mann antwortete: »Junger Freund, ich kann dich gut verstehen. Als ich so alt war wie du, waren meine Eltern genauso ungebildet. Es war nicht auszuhalten. Aber du mußt Geduld mit den alten Leuten haben. Sie entwickeln sich langsamer. Nach

zehn Jahren hatten sie schon so viel dazuge-
lernt, daß man sich schon ganz vernünftig
mit ihnen unterhalten konnte. Und was
soll ich dir sagen? Heute, nach zwanzig Jahren – ob du es glaubst oder nicht – wenn
ich keinen Rat weiß, dann frage ich meine
alten Eltern. So können die sich ändern!«

Erfahrene Erzieher versichern, wie wichtig
es für viele Eltern heutzutage ist, eine Oma
oder einen Opa in der Nähe zu haben.
Keine Aufwartefrau, kein Babysitter und
kein Kinderhort können einem Kind so
viel Zuwendung und Liebe geben wie eine
gute Großmutter und ein liebevoller Großvater. Kinder erinnern sich später sehr deutlich an ihre glücklichen Erlebnisse mit den
Großeltern.

Ein Bericht, den die englische staatliche
Gesundheitsbehörde vor einigen Jahren in
London veröffentlichte, besagt: Kinder, die
in der Obhut von Großeltern aufwachsen,
sind ihren Altersgenossen in der seelischen
und charakterlichen Entwicklung weit vor-

aus. Sie haben einen größeren Wortschatz, formulieren besser und erfassen schneller Begriffe und Zusammenhänge.

Zu dem gleichen Ergebnis kommt die statistische Wiener Untersuchung STUDIA über die »Familie in Europa«: Großeltern sind für ihre Enkelkinder von großer Bedeutung. Sie leisten einen wertvollen Beitrag für eine seelisch stabile Entfaltung der jungen Generation. Das jedenfalls haben die STUDIA-Forscher Fuchs, Gaspari und Millendorfer herausgefunden, und sie stellen als Zusammenfassung ihrer Untersuchungen fest: Kinder, die von den Großeltern großgezogen werden, sind im allgemeinen besonders gut und liebevoll gepflegte Kinder.

Kinder und Enkel brauchen den Beistand der Älteren ganz nötig! Seien Sie, liebe Großeltern, darum tätig, solange und soweit Ihre körperliche und seelische Kraft dazu ausreicht!

Die meisten Menschen wissen nicht, wie schön es eigentlich in Kinderherzen aussieht, in denen die Liebe aufblüht. Sie wissen aber auch nicht, wie zart diese Pflanze ist in ihrem Frühling und wie leicht ein Frost sie lähmt und tötet. Jeremias Gotthelf

*

Die Kinder kennen weder Vergangenheit noch Zukunft, und – was uns Erwachsenen kaum passieren kann – sie genießen die Gegenwart. Jean de la Bruyère

*

Ein Kind ist wie ein Buch, aus dem man lesen und in das wir schreiben sollen.

Peter Rosegger

Jeder Ihrer Enkel ist anders

Es ist, verehrte Großeltern, in der heutigen Zeit nicht leicht, Kinder zu erziehen. Obwohl Sie bereits ein oder mehrere Kinder erzogen haben, läßt sich diese Erziehung nicht automatisch auf Ihre Enkel übertragen. Es ist für Sie eine neue Herausforderung, in der Erziehung Ihrer Enkel den rechten Ton, das rechte Maß an Geduld und Liebe sowie die richtige Mitte zwischen Nachsicht und Strenge zu finden.

Ich möchte Ihnen in diesem Kapitel noch etwas Grundsätzliches sagen. Wer zwei oder mehr Enkel zu betreuen hat, weiß: Kein Kind ist wie das andere. Jedes Kind ist eine eigene Persönlichkeit, die es nur einmal auf der Welt gibt. Und darum muß auch jedes Kind anders erzogen werden.

Die bisherigen Ausführungen könnten den Eindruck vermitteln, es wäre zulässig, von *den* Kindern, von *den* Enkeln zu sprechen. Davon kann natürlich nicht die Rede sein. Jeder Ihrer Enkel, jeder einzelne Junge und jedes einzelne Mädchen, ist sowohl in seinen Begabungen als auch in seinen Verhaltensweisen unterschiedlich, unwiederholbar. Es ist wichtig, diese Unterschiede zu sehen und anzuerkennen.

Ein junger Mann war bei einem älteren Freund zu Gast, dessen Gerechtigkeitssinn gerühmt wurde. Er sah, wie der ältere mit seinen Kindern umging, und er wunderte sich sehr: »Du sagst, daß du jedes deiner Kinder so liebst wie das andere. Nun sehe ich aber, daß du sie unterschiedlich behandelst. Wo bleibt da die Gerechtigkeit?«

»Sie besteht darin«, antwortete der ältere, »daß ich mich bemühe, jedem Kind gerecht das zuzuteilen, was es braucht. Würde ich sie alle gleich behandeln, wäre ich wohl sehr ungerecht.«

Diese kurze Geschichte vom gerechten Vater zeigt sehr deutlich, daß es unmöglich ist, alle Kinder auf die gleiche Weise zu erziehen. Jedes Kind unterscheidet sich vom anderen: im Alter, im Geschlecht, im Charakter, in den Begabungen.

Großeltern mit mehreren Enkeln wissen, wie unterschiedlich schon Geschwister sind. Wieviel mehr gilt das für Kinder aus verschiedenen Familien, die nicht nur ganz unterschiedliche Erbanlagen aufweisen, sondern auch unter anderen Umweltbedingungen aufwachsen.

Psychologen und Pädagogen weisen immer wieder darauf hin: Jedes Kind ist ein unwiederholbares, unverwechselbares Individuum. Es gibt keine Erziehungsgrundsätze, die für alle Kinder aufgestellt werden können, keine Richtlinien, die absolut gelten. Erziehung muß immer auf das einzelne Kind und seine Individualität abgestimmt sein. Es ist ein Irrtum, um nicht zu sagen ein schwerer Fehler, wenn Großeltern meinen, sie sollten sich gegenüber allen Enkeln gleich verhalten.

Das eine Kind ist vielleicht vorwiegend

abstrakt-logisch begabt, das andere verfügt über eine praktische, soziale oder musische Intelligenz. Es wäre weder möglich noch empfehlenswert, alle gleich zu behandeln. Versucht man es doch, so führt das bei den Kindern nicht selten zu seelischen Störungen.

Oft entwickelt sich ein Kind auch schneller als das andere: Da gibt es Kinder, die schon mit einem Jahr laufen können, und dann gibt es solche, die es mit zwei Jahren immer noch nicht richtig können. Da gibt es Spätentwickler, die sehr langsam das Sprechen lernen, und es gibt Kinder, die schon mit fünf Jahren lesen können.

Es bestehen in der Tat große Unterschiede von Kind zu Kind: Das eine braucht die ständige Anleitung und Ermutigung, das andere entfaltet so viel Eigenständigkeit, daß sogar ein gut gemeinter Rat als Gängelei empfunden wird. Deshalb müssen Sie ein Gespür dafür entwickeln, wie das einzelne Kind auf Ihr erzieherisches Verhalten reagiert.

Großeltern werden ihren Enkeln nicht dadurch gerecht, daß sie diese wie mit dem Rasenmäher gewaltsam auf die gleiche Höhe stutzen. Vielmehr gilt es, jedes Kind in seiner Eigenart anzunehmen, es zu lieben und zu erziehen. Jedes Kind ist eine eigene Persönlichkeit, die von Ihnen angenommen und berücksichtigt werden muß.

Gleichmacherei in der Erziehung Ihrer Enkel wäre im Grunde die größte Ungerechtigkeit. Die wirkliche Gerechtigkeit darf nicht heißen: jedem das *Gleiche*, sondern jedem das *Seine!* Bejahen Sie darum jeden Ihrer Enkel vorbehaltlos! Werden Sie jedem in seiner Eigenart gerecht!

Um dies zu erreichen, d. h. um wirklich Zugang zu jeder einzelnen Kinderseele zu bekommen, ist es sehr empfehlenswert, die Enkel einzeln zu sich zu holen, ohne die Eltern, ohne ihre Geschwister, und sich dann – vielleicht immer einmal wieder an einem Wochenende oder bei weiter Entfernung ein paar Tage in den Ferien – ganz ausschließlich diesem einen Kind zu widmen!

Das Besondere des jeweiligen Enkels lernt man in der Zweisamkeit am besten kennen!

Schlimm ist es, wenn sich Großeltern von unangemessenen Vorurteilen leiten lassen: Die Kinder der Tochter sind *nicht* grundsätzlich besser als die der Söhne. Auch ein Enkelkind, das das Verhalten, die Stimme und die Gesichtszüge einer unsympathischen angeheirateten Verwandten trägt, ist nicht eine erneute Ausgabe dieser Person. Jeder Mensch ist absolut neu, absolut anders als die anderen!

Das Kind ist die lebende Freude unter uns.

Viktor Hugo

*

Die Kinder soll man achten, wer weiß, ob sie uns einst nicht übertreffen.

Chinesisch

*

Man darf es die Kinder nicht merken lassen, daß man ihnen gut ist. Cicero

*

Kindern wird man oft erst im Alter gerecht, dann stehen sie einem viel näher als in jungen Jahren. Alte Spruchweisheit

Der bessere Weg

Ein kleiner Junge, der auf Besuch bei seinem Großvater war, fand eine kleine Landschildkröte und ging gleich daran, sie zu untersuchen. Sofort zog sich die Schildkröte in ihren Panzer zurück, und der Junge versuchte vergebens, sie mit einem Stöckchen herauszuholen.

Der Großvater hatte ihm zugesehen und mahnte ihn, das Tier nicht weiter zu quälen.

»Das ist falsch«, sagte er, »komm, ich zeig' dir, wie man das macht.« Er nahm die Schildkröte mit ins Haus und setzte sie auf den warmen Kachelofen.

In wenigen Minuten wurde das Tier warm, steckte seinen Kopf und seine Füße heraus und kroch auf den Jungen zu.

»Menschen sind manchmal wie Schildkröten«, sagte der alte Mann. »Versuche niemals, jemanden zu zwingen. Wärme ihn nur mit etwas Güte auf, und er wird sicherlich tun, was du möchtest.«

Überliefert

Das gibt sich, sagen schwache Eltern von den Fehlern ihrer Kinder. Oh nein! Es gibt sich nicht. Es entwickelt sich.

Marie von Ebner-Eschenbach

*

Der werdende Mensch lebt nicht vom Brot allein, er lebt auch von der Wärme der Liebe. Robert Mäder

*

Schaffet die Tränen der Kinder ab! Das lange Regnen in die Blüten ist so schädlich.

Jean Paul

*

Wohl denen, die in ihren Kindern den Sinn dafür bewahren, daß kleine Dinge sie freuen. Jeremias Gotthelf

Lieben Sie Ihre Enkel!

Sich-Kümmern ist die Frucht von wahrhaftiger Liebe. Ich möchte Ihnen hier von einer Großmutter erzählen, die für die junge Familie, um die sie sich kümmerte, zum Segen geworden ist. Es war an einem Abend, als ich Gast in der Familie war. Wir saßen in der gemütlichen Stube beisammen: der Ehemann, seine Frau, die Oma und ich.

Die Hausfrau wollte einen Tee machen. Doch da wir schon gleich ein interessantes Gespräch führten, bat ich sie, sitzen zu bleiben. Tee kann man fast überall bekommen, aber Gesprächspartner wie diese junge Familie und die Großmutter nicht immer.

Besonders die Großmutter stand schon bald im Mittelpunkt meines Interesses. Sie war eine zarte, sehr stille Frau mit grauen Haaren und einem Gesicht, das zugleich Sorge und innere Sicherheit ausstrahlte. Sie saß eher zurückhaltend an ihrem Platz. Als die Tochter zu erzählen begann, welche Rolle die Großmutter in der Familie innehatte, winkte diese ab. Aber ich erfuhr es doch.

Als dem jungen Ehepaar das erste Kind geboren wurde, stellte der Arzt eine einseitige cerebrale Lähmung (= Gehirnlähmung) fest. Ob das gleich nach der Geburt oder nach Monaten geschah, weiß ich nicht mehr. Sicher aber ist, daß die Eltern den Jungen zu verschiedenen Spezialisten brachten mit der Bitte um Hilfe. Leider war der Befund jedesmal negativ: Das Kind würde nicht gehen und nicht richtig sprechen können.

Der letzte der konsultierten Ärzte gab den Eltern den Rat, nichts mehr zu versuchen, da keine Aussicht auf Heilung bestehe. Schweren Herzens fügten sich die Eltern. Sie bereiteten sich darauf vor, das Los mit dem geliebten Kind zu tragen. Als gläubige Eltern bauten sie auf die Kraft, die ihnen im Gebet geschenkt wurde.

Und noch jemand betete: die Großmutter. Doch sie tat noch mehr. Sie begann sich mit dem Enkelkind zu beschäftigen. Von einem Physiotherapeuten (= Heilgymnastiker) angeleitet, machte sie mit Thomas – so hieß der Junge – Bewegungsübungen, anfangs nur ganz leichte, versteht sich. Sie sprach mit dem Kind, erzählte ihm Geschichten, als es noch fast sicher war, daß Thomas sie nicht verstand. Sie baute Spielzeughäuschen, sang Kinderlieder für den Kleinen...

Es dauerte Monate, bis auch nur eine erste kleine Regung andeutete, daß Thomas sich freuen konnte. Die Großmutter war sich ihrer Sache sicher. Sie ließ sich auch durch Rückschläge nicht irremachen. Mit der vollen Unterstützung ihrer Tochter und ihres Schwiegersohnes und mit eiserner Disziplin führte sie die täglichen Turnübungen mit dem teilweise Gelähmten durch – oft gegen den Widerstand des Kindes.

Unendlich mühsam und kaum merklich vollzog sich die Besserung. Aber mit fünf

Jahren war Thomas dann doch so weit, daß er in den Kindergarten gefahren werden konnte, wo er mit Gleichaltrigen spielte. Und ein Jahr später – kurz bevor ich die Familie kennenlernte – ging Thomas ohne Krücken in den Kindergarten.

Die Beine des Jungen und die behinderten Arme sind leicht geschrumpft, und sie werden es wohl auch bleiben. Aber sonst ist der Junge völlig normal, fröhlich und voller Lebenslust. Er wird – wie seine Altersgenossen – im nächsten Frühjahr die Schule besuchen können.

Sie, liebe Leser, hätten das stille Gesicht der alten Frau sehen müssen, als ihre Tochter die ergreifende Geschichte erzählte. Da hatte die Liebe einer mütterlichen Frau den Kampf in einer scheinbar aussichtslosen Situation zugunsten eines Kindes gewonnen.

In diesem Haus lebte eine alte Frau jahrelang nur für die junge Familie mit ihrem kranken Kind. Sie gab ihre Ruhe werktags und sonntags hin, damit der Geist ihres Enkels erwachte und seine hilflosen Glieder erstarkten. Heute freut sie sich. Doch auch jetzt vergeht kein Tag, an dem sie nicht mit Thomas turnt, spielt oder spricht.

Was ist doch die *Liebe* für eine Macht! Ich weiß seit jenem Abend, daß sie Wunder zu wirken imstande ist. Übrigens – auch durch uns!

Der Großvater und der Enkel

Ein Vater war sehr alt und zittrig geworden, so daß er beim Essen Suppe auf das Tischtuch schüttete. Manchmal floß ihm auch etwas aus dem Mund. Sein Sohn und dessen Frau ekelten sich davor. Schließlich setzten sie ihn hinter den Ofen in die Ecke.

Dort saß er nun betrübt und allein und sah zum Tisch. Einmal entfiel seinen zittrigen Händen auch noch das Schüsselchen, aus dem er aß, und zerbrach. Die junge Frau schimpfte ihn aus. Sie kaufte ihm eine hölzerne Schüssel; daraus mußte er nun essen.

Eines Tages trug der Enkel von vier Jahren kleine Brettchen zusammen.

»Was machst du da?« fragte ihn der Vater.

»Ich mache einen kleinen Topf«, antwortete das Kind, »daraus sollen Vater und Mutter essen, wenn sie alt sind.«

Da sahen sich Vater und Mutter an. Sie holten sofort den alten Großvater an den Tisch. Und sie sagten auch nichts mehr, wenn er ein wenig verschüttete.

Nach einem Märchen
der Gebrüder Grimm

Kinder erfrischen das Leben und erfreuen das Herz.   Friedrich Schleiermacher

*

Ein Kind ist wie ein Neujahrstag, es trägt ein ganzes Leben in seinem Schoß.

Jeremias Gotthelf

*

Es ist von großem Vorteil, die Fehler, aus denen man lernen kann, recht früh zu machen.

Winston Churchill

*

Kinder sind eine Brücke zum Himmel.

Aus Persien

Lassen Sie sich
von Ihren Enkeln lieben!

Wie schön ist es, wenn Großeltern ihren Enkeln viel Liebe entgegenbringen! Wie schön ist es aber auch umgekehrt: wenn die Enkel den Großeltern zeigen, wie lieb sie sie haben! Ich möchte Ihnen dazu ein Beispiel erzählen. Sie mögen mir nachsehen, wenn ich dabei ein wenig weiter aushole.

Vor drei Tagen war seine Frau gestorben. Nun stand Opa Wagner allein da. Was sollte mit ihm werden? Das beste wäre wohl, er ginge in ein Altersheim. Aber so recht konnte er sich mit diesem Gedanken nicht vertraut machen. Und was würden wohl die Nachbarn dazu sagen? Sie würden darüber reden...

Nach der Beerdigung gingen die fünf Kinder mit ihrem Vater noch einmal in die elterliche Wohnung.

47

»Was hast du nun vor, Vater?« ergriff Heinrich, der Älteste, das Wort. »Du kannst ja nicht gut hier allein bleiben, wenn du niemanden hast, der dich versorgt.«

»Wir kommen wohl nicht in Frage, ihn zu uns zu nehmen«, fiel Christa, seine Frau, ein. »Bei uns hielt er es nie länger als zwei Tage aus. Und das Treppensteigen ist sowieso nichts für ihn.«

»Bei uns mit unseren drei Zimmern hat es auch keinen Sinn«, sagte Helga.

Anni, die Zweitälteste, war ledig geblieben und arbeitete auswärts als Verkäuferin. Sie kam nicht in Betracht.

Erna erwartete ein Kind. Dies erschien ihr ein wichtiger Grund, um abzuwinken.

Blieb nur noch Martina. Sie führte mit ihrem Mann ein Schuhwarengeschäft. An Räumlichkeiten fehlte es ihr nicht; sie konnte leicht und gut ein Zimmerchen für den alten Vater freimachen. Deswegen baten die Geschwister sie, den Vater bei sich aufzunehmen.

Man sah Martina keinerlei Freude über den Wunsch der Geschwister an. Aber da es ihr an überzeugenden Gegenargumenten fehlte, stimmte sie mit saurer Miene zu.

So siedelte denn Opa Wagner zu Tochter und Schwiegersohn über. Die jungen Leute waren den ganzen Tag über im Geschäft, der Mann hielt sich viel auswärts auf. Von dem Vater nahmen die beiden kaum Notiz.

In der Küche regierte Hilde, eine junge Hausgehilfin. Sie mußte den Haushalt führen und die dreijährige Tochter Katja beaufsichtigen. Das gab viel Arbeit, zumal sie auch noch den Garten hinter dem Haus zu versorgen hatte. Nicht selten litt ihre Laune darunter.

Opa Wagner bot seine Hilfe an. Sie wurde gern angenommen. So durfte der Großvater Kartoffeln schälen, Gemüse aus dem Keller holen, den Rasen mähen und zuweilen Einkäufe besorgen.

Und dann war da das Kind. Es stand Hilde oft im Wege und brachte sie mit ihren Fragen und Wünschen nicht selten aus der Ruhe. Dem Alten begann die Kleine leid zu tun. Was halfen ihr alle Spielsachen, Puppen und Kleider, wenn die Mutter keine Zeit für sie hatte und das Hausmädchen sie oft als Last empfand? Was sollte, was mußte aus dem Kind werden?

Katja behandelte den neuen Hausgenossen mit Mißtrauen und Ängstlichkeit. Aber als dieser eines Tages Papier und Farbstifte kaufte und sagte: »Komm, Katja, wir wollen malen«, da wurde das Mädchen zusehends zutraulicher.

Opa Wagner verstand es, Pferde, Schafe und Hühner zu malen, Häuser, Autos, Bäume und viele andere Dinge mehr. Katja begann zu fragen: »Was macht das Pferd? Wie viele Eier legen die Hühner? Wohin fährt das Auto? Wer wohnt in dem Haus?«

Der Opa mußte seine ganze Phantasie einsetzen, um das neugierige Mädchen zufriedenzustellen. Dann kaufte er mehrere Bilderbücher und schließlich noch ein Märchenbuch, aus dem er Katja vorlas. Bei gutem Wetter ging er auch mit ihr spazieren.

Die Laune des Hausmädchens besserte sich merklich unter den neuen Umständen. Der Großvater hatte ihr einen großen Teil Arbeit abgenommen: die Sorge um das kleine Mädchen. Opa und Katja wurden allmählich unzertrennliche Freunde.

Eines Abends hatte die Hausgehilfin eine Besorgung zu machen. In der Küche begann es dunkel zu werden. Da kam Katja, setzte sich ihrem Opa aufs Knie und bat: »Opa, erzähl mir doch eine schöne Geschichte!«

Und Opa tat es. Als er fertig war, verharrte Katja in atemlosem Schweigen. Dann sagte sie: »Das war aber schön!« Und sie schlang ihre Arme um den Hals des Alten und flüsterte ihm freudestrahlend ins Ohr: »Opa, ich hab' dich lieb!«

Dem Alten traten Tränen in die Augen. Schluchzend legte er seinen grauen Kopf an die Wange des Mädchens.

Viele Menschen waren ihm in seinem langen Leben begegnet, vielen hatte er Gutes getan. Fünf Kinder hatte er mit Arbeit und

Fleiß großgezogen und für ihre Ausbildung geschuftet und gespart. Doch niemand hatte ihm ein freundliches Wort gesagt. Und jetzt war er alt und »zu nichts mehr nütze«, wie er noch kürzlich gemeint hatte.

Nur ein Kind mochte ihn noch. Nur ein Kind schaute und schätzte sein Herz; es warf einen Lichtstrahl beseligender Freude in die dunkle Einsamkeit seines Alters. Nur ein Kind vollbrachte ein Wunder durch vier kurze, aber köstliche Worte: »Ich hab' dich lieb!«

Ich wünsche Ihnen, verehrte Großeltern, von ganzem Herzen einen oder mehrere Enkel, die auch Ihnen um den Hals fallen und Ihnen freudestrahlend ins Ohr flüstern: »Oma – Opa – ich hab' dich lieb!«

Kinder über ihre Großeltern

Großmütter wissen, was man tun muß, wenn wir uns nicht wohlfühlen. Sie haben für alles ein Rezept. *Jens*

*

Wir brauchen die Großeltern. Wer könnte sonst Spaß mit uns machen und uns liebhaben? *Sascha*

*

Zwei Omas und zwei Opas stehen einem normalerweise zu. Man bekommt aber nicht immer das, was einem zusteht.

Isabell

*

Ich liebe meine Großeltern, und sie lieben mich. Das ist das einzig Wahre. *Tanja*

Großmütter und Großväter können dir eine ganze Menge über deine Mami und deinen Papi erzählen, was dir deine Mami und dein Papi nie sagen würden.

Angelika

*

Eine Großmutter hört dir immer zu, auch wenn du noch so viel und noch so lange redest.

Simone

*

Großmütter sagen immer, der Name Großmutter mache sie alt. Wie wäre es denn, wenn man sie einfach Supermama nennen würde?

Julia

Kinder bringen Leben ins Haus

Eine junge Mutter schickt ihre Kinder mit sehr gemischten Gefühlen in den Ferien zu den Großeltern: »Wenn ich meine Kinder zu den Großeltern schicken darf, habe ich ein zwiespältiges Gefühl. Ich freue mich, für eine oder zwei Wochen entlastet zu sein, eine Reise oder Ferien machen zu können. Aber beim Kofferpacken fällt mir ein, daß Gregor noch hie und da näßt und Barbara langsam ißt. Was werden die Großeltern sagen? Können sie sich noch erinnern, daß auch ihre Kinder Fehler hatten? Sie wissen so viel Positives aus der Zeit, als sie meinen Mann und seine drei Geschwister erzogen. Ich mache wohl eine schlechte Figur, denn Gregor und Barbara gehorchen nicht gern, und sie zanken sich jeden Tag. Im Grunde würde ich sie lieber daheim behalten. Aber eben, es ist auch schön, wieder einmal mit meinem Mann allein zu sein.«

Es ist also ein Problem, Kinder in den Ferien (Sommer, Herbst, Ostern, Pfingsten, Weihnachten) oder an verlängerten Wochenenden zu den Großeltern zu geben. Sie sind wie das Spiegelbild der Familie, aus der sie kommen. Der Spiegel lügt nicht, er verheimlicht nichts. Großvater und Großmutter erfahren aus dem Mund der Kinder manches, was ihnen bisher verborgen war. Sie brauchen nicht einmal zu fragen.

Kinder stellen selbst dauernd Vergleiche an: Dieses ist besser als zu Hause, jenes würde Mama nicht gefallen. Aber auch die Großeltern sehen diese dritte Generation kritisch. Zwar lieben sie die Kindeskinder von Herzen und freuen sich, sie einmal ganz für sich zu haben. Es ist aber nicht ganz leicht, sie in den ruhig gewordenen Altershaushalt einzugliedern. Denn die Kinder heute sind im allgemeinen lebhafter als die Kinder früherer Generationen.

Der Enkel lautes Spiel, ihr ununterbrochenes Fragen, stellt die geheiligte Ordnung der Großeltern auf den Kopf. Anfangs ist das ganz lustig. Die alternden Menschen haben wieder Leben im Haus, sie stellen mit Stolz fest, daß die Enkel aufgeweckte, sogar sehr begabte Kinder sind.

Wenn Besuch kommt, werden die Kinder von den Großeltern strahlend vorgeführt: »Das sind nun die Nachkommen – Peter ist Klassenbester und Marianne noch im Kindergarten, aber sie wäre reif für die Schule. Und lieb sind sie, wir haben sozusagen keine Arbeit mit ihnen.«

Der Besuch lächelt, freut sich mit. Bei Tisch stellt sich dann heraus, daß die Kinder sich und das schöne Tischtuch beklekkern und ständig quengeln. »Sie haben ihren schlechten Tag«, entschuldigt sie der Großpapa, und Großmama befördert sie mit hochrotem Gesicht ins Bett.

Am sechsten Tag der Ferien fühlen sich die Großeltern müde. Den Kindern gefällt es aber immer noch ausgezeichnet. Sie werden, damit sie mittags, wenn Großpapa schlafen will, still sind, mit Schokolade ver-

sehen, Großmama spielt »Schwarzer Peter«, »Memory«, »Mensch-ärgere-dich-
nicht« oder »Mühle« mit ihnen. Nachmit-
tags gehen sie gemeinsam spazieren. Die
Kinder haben schon bald Durst, oder eines
muß auf die Toilette. Darum wird einge-
kehrt, Limo oder Sprudel getrunken, etwas
Süßes gegessen.

Abends erbricht sich Peter. Eben da ru-
fen die Eltern an, weil sie wissen möchten,
wie es so gehe und ob alles in Ordnung sei.
Natürlich, was sollte schon los sein?
Schließlich hatte man ja auch mal Kinder,
und soo lange ist das auch noch nicht her,
als daß man mit zwei Enkeln nicht klar-
kommen würde!

»Und Heimweh haben sie nicht?« fragt
Mama und ist enttäuscht, daß es den Kleinen so gut gefällt ohne die Eltern.

*

Sie sehen, daß es nicht ganz leicht ist, es als
Großeltern allen recht zu machen. Selbst
wenn man sich eigentlich nicht in erzieheri-

sche Belange der Jungen einmischen will, ist man für die Kinder verantwortlich. So kann es vorkommen, daß Maßnahmen zu treffen sind. Dabei sollte man auf folgendes achten:

- Halten Sie sich mit Strafen zurück! Ablenken ist besser. Enkel sehen nun einmal in den Ferien bei den Großeltern *das* lange erwartete Ereignis, sie fühlen sich bei ihnen als Gäste, die verwöhnt und umsorgt werden wollen.
- Nehmen Sie die kleinen Fehler der Kinder mit Nachsicht hin! Wenn Sie sich überlegen, daß es eine relativ kurze Zeit ist, in der Sie die Kinder um sich haben dürfen, so lohnt es sich, ihnen alle Liebe zu schenken, die Sie früher für die eigene Familie empfanden.
- Und noch etwas: Erwähnen Sie vor den Kindern nie die Fehler, die ihre Eltern in Ihren Augen – zu Recht oder Unrecht – haben!

Damit leisten Sie, liebe Großeltern, einen zweifachen Dienst: Sie fördern die Liebe der Kinder zu den Eltern und verbinden sich selber auf die schönste Art mit der jungen Familie. Es lohnt sich, als Großeltern zu beweisen, daß einem die Enkel am Herzen liegen – auch wenn man dabei ein wenig müde wird.

Es ist leichter, einem Kind zehn Mark zu geben als ein gutes Beispiel. Volksmund

✣

Der Mensch lernt nur auf eigene Kosten.
Aus Arabien

✣

Niemand hat vor Gott und seinem Gewissen das Recht, Menschen zu erziehen, der nicht vorher sich selber zum Menschen erzogen hat. Robert Mäder

✣

Wer den Menschen die Hölle auf Erden bereiten will, braucht ihnen nur alles zu erlauben. Graham Greene

Als wir Kinder waren, liebte man uns mehr, als wir liebten. Alt geworden, lieben wir nun unsererseits mehr, als wir geliebt werden. Jean-Baptiste-Henri Lacordaire

*

Deine Kinder sind nicht deine Kinder. Sie sind die Söhne und Töchter der Sehnsucht des Lebens nach sich selbst.

Khalil Gibran, libanesischer Dichter

*

Eltern glauben gerne an Vererbung, solange das Kind lauter gute Noten heimbringt. Josef Konrad Scheuber

*

Der »gute Erzieher« soll unter dem Deckmantel der Geduld nicht erschlaffen noch unter dem Vorwand der Sorgfalt wüten.

Aurelius Augustinus

»Oma, hast du auch Kinder?«

»Oma, hast du auch Kinder?« So fragte eines Tages die vierjährige Enkelin ihre Großmutter. Darauf gab diese zur Antwort: »Ja, natürlich, deine Mutti ist mein Kind.« Ein paar Tage später kam die Kleine weinend zur Oma und sagte: »Oma, dein Kind hat mich geschlagen.«

Man muß unwillkürlich schmunzeln, wenn man diese nette Geschichte hört. Sie paßt in die Spalte »Kindermund« in Zeitungen und Zeitschriften. Aber nach dem Schmunzeln denke ich an die ernste Seite dieser Geschichte: Wem können Kinder, besonders die kleineren unter ihnen, heute ihre vielen Fragen stellen?

Kinder haben, besonders wenn sie im Kindergarten- und Vorschulalter sind, doch so viele Fragen auf dem Herzen, die sie jemandem stellen möchten. Glücklich nenne ich die Kinder, die Großeltern haben, denen sie »Löcher in den Bauch« fragen können, wenn die Geduld der Eltern zuweilen an Grenzen stößt.

Wer Enkel im ersten Fragealter hat, der kennt zur Genüge Gespräche dieser oder ähnlicher Art:

»Warum regnet es draußen?«

»Weil Wasser aus den Wolken auf die Erde fällt.«

»Warum fällt Wasser auf die Erde?«

»Weil es den Wolken zu schwer geworden ist.«

»Wie kommt das Wasser in die Wolken?«

»Weil es verdampft ist und von der Luft hinaufgetragen wurde.«

»Warum ist es hinaufgetragen worden?«

»Ja, weißt du, das ist schwer zu erklären. Das verstehst du noch nicht.«

»Warum nicht?«

So verlief ein Gespräch zwischen einem Großvater und seinem vierjährigen Enkel. Ein wahrhaft typisches Gespräch mit Kindern in diesem Alter! Pausenlos und unermüdlich können die kleinen Jungen und Mädchen ihre Großeltern fragen. Dabei fra-

gen sie nach den schwierigsten Zusammen-
hängen und geben nicht eher nach, bis sie
eine ausreichende und zufriedenstellende
Antwort bekommen haben.

Wenn Sie wissen möchten, warum Kinder plötzlich so viele Fragen haben, antworten Ihnen die Psychologen: Weil die Augen
der Jungen und Mädchen mit einem Schlag
für die Welt mit ihren tausend Wundern ge-
öffnet sind. Alles ist neu, zauberhaft, er-
schreckend und beglückend zugleich. Die
Neugierde der Kinder ist groß und ihre Intelligenz bereits weit entwickelt. Sie wollen
alles begreifen, deshalb fragen sie.

Manchmal können Sie ganz schön er-
schrecken, wenn Sie hören, was Ihre Enkel
so alles fragen. Da heißt es zum Beispiel:

»Oma, woher kommen die Vögel?«

»Warum ist Papa kein Polizist?«

»Wer läßt eigentlich die Sonne scheinen?«

»Warum hat die Schnecke ein so schön ge-
drehtes Schneckenhaus?«

»Wer läßt im Frühling die Blumen
wachsen?«

»Warum fliegt die Taube?«

»Warum heißt eigentlich Opa ›Opa‹?«

Ich kann verstehen, daß manche Großeltern ihren kindlichen Fragestellern gegenüber (besonders wenn diese gar nicht mehr aufhören zu fragen) mit der Zeit nervös und ungeduldig reagieren. Wie oft sagen sie dann zu ihren Enkeln: »Nun hört doch endlich mal auf mit dem ewigen Fragen! Diese Fragerei ist ja fürchterlich!«

Auch wenn es manchmal schwerfällt, so sollten Großeltern ihren Enkeln, die gerade dabei sind, ihre Umwelt zu entdekken, doch jedesmal eine Antwort geben. Und diese Antwort sollte nach Möglichkeit einfach, geduldig und richtig sein.

– *Einfach* sollte die Antwort deswegen sein, damit die Kinder verstehen, was die Großeltern sagen.

– *Geduldig*, damit die Kinder spüren, daß Oma und Opa alles ernst nehmen, was in ihnen vorgeht.

– Und *richtig* (d. h. wahrheitsgemäß), da-

mit die Enkel nicht das Vertrauen zu
ihren Großeltern verlieren.

Kürzlich fragte eine Vierjährige ihre Oma:
»Oma, warum leuchtet die Sonne?« Die
Großmutter war zunächst ganz überrascht
von dieser Frage, aber dann antwortete sie
ihrer Enkelin einfach und klar: »Weil sie
lächelt.«

Das Mädchen war mit dieser Antwort
voll zufrieden. Es hatte ja keine naturwis-
senschaftliche Erklärung erwartet. Es
wollte eine menschliche Antwort haben,
und die hatte die Oma ihm gegeben: »Die
Sonne leuchtet, weil sie lächelt.«

Mit dieser Antwort konnte das kleine
Mädchen etwas anfangen. Außerdem hatte
die Oma wiederholt zu der Kleinen gesagt,
wenn sie besonders lieb und freundlich
war: »Du bist mein Sonnenschein.«

Wenn Großeltern ihren Enkeln einfach,
geduldig und richtig antworten, dann fühlen sich diese bei ihnen auf- und angenommen. Selbst dann, wenn die Kinder einmal

sachlich nicht zufriedengestellt werden sollten, so spüren sie doch, daß Oma und Opa
sie ernst nehmen und ihnen in ihren Anlie-
gen weiterhelfen wollen.

Es ist traurig, wenn Kinder keine Großeltern haben, die sie mit ihren Fragen
»löchern« können.

Es gibt nichts Wichtigeres, als sich für
Kinder Zeit zu nehmen. Tun Sie es – als
Oma, als Opa! Ein bekannter Volkserzieher im vorigen Jahrhundert hat einmal gesagt: »Laßt uns mit unseren Kindern leben!« Dieser Volkserzieher hieß Friedrich
Fröbel (1782–1852) und war der Begrün-
der des Kindergartens. Er hatte recht und
hat es immer noch.

Auf eine Erfahrung, die ich wiederholt
im Leben machen konnte, darf ich noch
hinweisen: Enkel, die als kleine Kinder mit
ihren Fragen zu ihren Großeltern kommen
durften, haben dies oft auch noch als Ju-
gendliche getan. Sie haben die wohltuende
Erfahrung gemacht, daß ihre Großeltern
bereit sind, ihnen zuzuhören, wenn sie et-

was zu berichten haben. Sie haben erlebt, daß Oma und Opa in der Lage sind, sich einzufühlen, mitzudenken und auf sie einzugehen!

Worauf es ankommt

Vor vielen hundert Jahren regierte auf der Insel Sizilien der deutsche Kaiser Friedrich II. Weil die Menschen dort in dem fremden Land anders sprachen als bei ihm zu Hause in Deutschland, fragte er sich oft: »Welche Sprache ist eigentlich die richtige Sprache? Welche Sprache fangen die Menschen von selbst an zu sprechen?«

Um dies zu erfahren, schickte er seine Diener in ein Findelheim, in dem verlassene Kinder großgezogen wurden. Die Diener sollten ihm 50 Säuglinge bringen, die erst wenige Tage oder Wochen alt waren, also noch nicht sprechen konnten. Der Kaiser bestellte für jedes

Kind eine Pflegerin, die dem Kind alles geben sollte, was es zum Großwerden brauchte: Essen, Trinken und Kleidung. Nur eines durfte die Pflegerin dem Kind nicht geben: Liebe! Kein liebes Wort, kein freundliches Anlachen!

Welche Sprache haben die Kinder erlernt? Die Geschichte erzählt: keine! Alle Kinder blieben stumm. Sie lernten weder sprechen noch spielen noch arbeiten. Sie lernten auch nicht, sich zu freuen, und sie lernten nicht zu danken! Sie lernten nicht zu denken und zu fragen, und sie lernten nicht zu lieben. Sie verkümmerten. Die Geschichte erzählt, daß keines von ihnen groß geworden ist.

Das Kind ist weder des Vaters noch der Mutter; es ist die verkörperte Einheit beider und ist Streben nach Vollkommenheit, gebildet in Fleisch und Blut. Ortega y Gasset

*

Kinder lieben anfangs ihre Eltern. Wenn sie älter sind, beurteilen sie sie. Bisweilen verzeihen sie ihnen. Oscar Wilde

*

Vor Gott muß man sich beugen, weil er so groß ist; vor dem Kinde, weil es so klein ist. Peter Rosegger

*

Wohin die Eltern auch gehen, die Kinder gehen mit. Sprichwort der Indianer

*

Wer ein Kind liebend anschaut, redet mit Gott. Koreanisches Sprichwort

Geschichten sind Lebensproviant für Kinder

Geschichten erzählende Großeltern – sind das nicht nostalgische Relikte aus einer romantischen Vergangenheit à la Ludwig Richter? Ist die von ihm oft dargestellte Idylle nicht endgültig passé? Sind erzählende Großeltern für die Kinder unserer modernen Welt nicht überhaupt unnötig?

Ich möchte diese Fragen kurz und bündig mit einem eindeutigen »Nein« beantworten. Es ist bei den modernen Kindern noch genauso wie zu Ludwig Richters Zeiten: Sie hören mucksmäuschenstill zu, mit offenen Ohren und offenem Mund, wenn Großmutter oder Großvater spannend erzählen: eine Geschichte von damals, ein Märchen der Gebrüder Grimm, eine biblische Geschichte… Die Kinder sind intensiv dabei, wenn sie seelisch gesund und noch nicht durch Fernsehüberkonsum verdorben sind.

Ja, man kann noch einen Schritt weitergehen und sagen: Großeltern, die gute Geschichtenerzähler sind, werden von ihren Enkelkindern besonders geliebt und verehrt. Geschichten erzählen zu können bedeutet eine Wertsteigerung für Oma und Opa. Dies ist besonders dann der Fall, wenn die Großeltern ihren Text auswendig beherrschen und frei erzählen können.

Meine Schwiegermutter, die Oma meiner Kinder, war eine solch gute Erzählerin. Kein Wunder, daß sie bei ihren zwei Enkeln hoch im Kurs stand! Oma wohnte bei uns im Haus. Die Kinder saßen oft am späten Nachmittag, wenn sie vom Spiel müde geworden waren, bei ihr und bettelten, sie möge doch wieder einmal etwas erzählen.

Oma war mit ihren 65 Jahren ein großer Schalk und hatte ihre Freude daran, ihren Enkelkindern gelegentlich eine unglaubliche Geschichte aufzutischen, eine Geschichte, die die Kinder zuletzt nicht verstanden, die aber dann doch noch wochenlang mit ihnen herumging und viel Nachdenken verursachte.

So erzählte sie einmal die Geschichte von den zwei Wölfen, die sich gegenseitig aufgefressen hatten, so daß am Ende nur noch die beiden Schwänze auf der Erde gelegen hatten. Diese Geschichte – das weiß ich heute noch – hat den Kindern viel zu schaffen gemacht. Sie waren damals vielleicht fünf und sieben Jahre alt, kannten schon viele Märchen, aber wie das mit den Wölfen nun geschehen war, das konnten sie lange Zeit nicht begreifen.

Großmutters schönste Geschichten waren natürlich die, in denen es von Gespenstern nur so wimmelte. Besonders der leibhaftige Teufel spielte darin eine große Rolle. Immer wieder sprach Oma von den Leuten, die einen Pakt mit dem Teufel geschlossen hatten, sich von dem Bösen helfen ließen, ein herrliches Leben führten, aber schließlich doch ein trauriges Ende nahmen.

Nach einer solchen Geschichte fragte sie

einmal die Kinder: »Habe ich euch eigentlich schon die Geschichte vom Teufel in der Nuß erzählt?« Und als diese verneinten, begann sie gleich zu erzählen. Ich kam zufällig zu der trauten Erzählrunde dazu und hörte die Geschichte mit. Sie ist mir heute noch in allen Einzelheiten bekannt.

*

In unserem Dorf lebte vor langer Zeit ein Mann, der sich mit dem Teufel verbündete. Er hieß Alois Feldmann. Die alten Leute haben viel von ihm berichtet. Er benutzte seine Gemeinschaft mit dem Bösen aber fast nur dazu, den armen Leuten zu helfen. Er selbst war – wie sich bei seinem Tode herausstellte – sehr reich. Es schien ihm aber viel daran zu liegen, den Teufel manchmal anzuführen, ihm zu zeigen, daß er selber doch klüger sei.

So fand Alois Feldmann einmal unter einer Gartenhecke eine große Haselnuß. Als er sie näher betrachtete, sah er ein Löchlein darin und wußte sofort: Hier hat ein kleiner Käfer, der Haselnußbohrer, vor mir schon saubere Arbeit geleistet, die Nuß ist hohl. Er wollte sie wegwerfen und hob die Hand.

Da stand plötzlich der Teufel neben ihm, grinste und sagte: »Gelt, die Nuß ist hohl? Ja, ich habe in diesem Jahr viele kleine Teufelchen ausgeschickt, die Nußbohrer, die haben dafür gesorgt, daß die meisten Nüsse hohl sind. Es ist ja nicht nötig, daß nur die Menschen die guten Nußkerne genießen.«

Bei dieser Rede kam dem Alois ein Einfall. Er sagte zum Teufel: »Hast du nicht einmal damit geprahlt, daß du dich in jedes, auch in das kleinste Wesen verwandeln könntest, in einen Floh oder in eine Mücke?«

»Natürlich!« erwiderte der Teufel, »das ist für mich eine Kleinigkeit, in welches Tierlein soll ich mich verwandeln?«

Feldmann meinte: »Dann kriech hier durch das Löchlein in die Nuß!«

»Ich bin schon drin!« hörte Alois den

Teufel sagen. Da nahm er ein Klümpchen Lehm und dichtete damit das Loch in der Nuß ab und steckte sie in seine Tasche.

»So!« sagte er, sonst nichts.

Auf seinem Weg durchs Dorf kam er an der Schmiede vorbei, in der sein Freund Christian wirkte und Eisen schmiedete. Alois ging in die Werkstatt und sagte: »Ich habe da eine schöne Nuß, kann sie aber nicht aufkriegen, willst du es einmal mit einem Hammer versuchen?« Damit legte er die Nuß auf den Amboß.

Christian nahm einen kleinen Hammer und klopfte damit auf die Nuß. Aber die Schale sprang nicht auf. Da nahm er einen mittelschweren Hammer und schlug fester zu. Die Nuß rührte sich nicht.

»Das will ich doch mal sehen, ob ich dich nicht aufkriege!« sagte Christian, holte seinen schwersten Hammer, den er nur mit zwei Armen heben konnte, aus der Ecke, hob ihn hoch in die Luft und ließ ihn dann mit aller Kraft auf die Nuß niedersausen.

Da gab es einen fürchterlichen Krach, die Schale sprang auf, aber es erhob sich ein gewaltiges Rauschen, es war, als ob ein starker Sturmwind durch die Schmiede wehte. Das Dach wurde hochgehoben, und die Ziegel flogen auf die Straße. Sogar die schweren eisernen Stangen wurden durcheinandergerüttelt und fielen um.

Der Schmied stand erschrocken vor seinem Amboß und sagte dann: »Man meint, der Teufel wäre in der Nuß gewesen!« Alois lächelte und erwiderte: »Ja, er war auch drin! Die Nuß war hohl!« Damit grüßte er, lächelte und ging weiter...

Aber am anderen Tag half er dem Schmied beim Aufbau des Daches.

*

So erzählte damals die Oma. Es ist schon über zehn Jahre her. Als die Oma vor einigen Jahren starb, waren die Enkel sehr traurig. Sie haben ihre Großmutter sehr gern gehabt, nicht zuletzt wegen der schönen und spannenden Geschichten, die sie immer zu erzählen wußte.

Geschichten sind nun einmal so etwas wie Lebensproviant für die Seele der Kinder. Und deshalb kann der Wert des Geschichtenerzählens durch die Großeltern gar nicht hoch genug eingeschätzt werden.

Schenken Sie darum Ihren Enkeln so viele besinnliche Erzählstunden wie möglich! Ich bin sicher, daß dieser Dienst an den Enkeln Sie mit großer Freude erfüllen wird. Und: Die Liebe Ihrer Enkel, die Sie sich ersehnen, wird Ihnen mit größerer Gewißheit zufallen als durch Schleckergroschen.

Auf einmal ist es für Sie keine Last mehr, sondern eine spannende Freizeitbeschäftigung, bekannte und weniger bekannte Märchen und Geschichten zunächst selbst zu lesen und dann den Enkeln vorzutragen. Sie und Ihre Enkel werden merken, wieviel Lebensweisheit in den alten Texten steckt.

Wo die Kinder eines Volkes nicht mehr lachen, nicht mehr spielen und singen, da hat das Land seinen Frühling verloren.

Kardinal Faulhaber

*

Die meisten Menschen legen ihre Kindheit ab wie einen alten Hut. Sie vergessen sie wie eine Telefonnummer... Nur wer erwachsen wird und ein Kind bleibt, ist ein Mensch.

Erich Kästner

*

Wenn wir nicht eine Welt aufbauen können, in der Kinder nicht mehr leiden, sollten wir wenigstens versuchen, das Maß der Leiden der Kinder zu verringern.

Albert Camus

*

Es gibt weder große Entdeckungen noch wahren Fortschritt, solange noch ein unglückliches Kind auf der Welt ist.

Albert Einstein

Lerne, wie man Kinder liebt! Ein Drittel aller Menschen sind Kinder.

Janusz Korczak

*

Das Erschütternde ist nicht das Leiden der Kinder an sich, sondern der Umstand, daß sie unverdient leiden.

Albert Camus

Erzählen Sie Ihren Enkeln von Gott!

Oma brachte ihre kleine Enkelin Silke ins Bett, sprach mit ihr noch ein Abendgebet und sang danach leise das alte Kinderlied: »Guten Abend, gute Nacht«, dessen letzte Strophe lautet: »Morgen früh, wenn Gott will, wirst du wieder geweckt.« Da fragte Silke plötzlich in die Dunkelheit hinein: »Oma, glaubst du, daß Gott will?« Oma verschlug es zunächst die Sprache. Dann aber nahm sie die Hand des Kindes und erwiderte verhalten, aber bestimmt: »Ja, ich glaube es.« Und die Kleine schlief ein. Alles war gut.

Ich bin der Meinung, daß gerade den Großeltern bei der religiösen Erziehung eine besondere Bedeutung zukommt. Oma und Opa sollten ihren Enkeln neben den üblichen Geschichten, Märchen und Sagen auch viel über Gott erzählen. Doch wie kann und soll das heute geschehen?

Ein Beispiel: Der kleine Jörg hat auf dem Teppich mit Bauklötzen gespielt. Dann krabbelt er auf Omas Schoß, umarmt sie und erwartet ihre Umarmung. In dieser Erfahrung der Nähe und stillen Verbundenheit sagt die Großmutter: »Wie schön, Jörg, daß wir uns so liebhaben! Das schenkt uns der gute Gott. Wie lieb muß er uns haben!«

Da weitet sich zum erstenmal das Blickfeld des Kindes über seine nächste Umgebung hinaus. Es hört: Da ist ein Guter, der steht hinter uns. Der hat mit Liebe, Nähe und Innigkeit zu tun. Er schenkt mir die Großmutter, die Eltern, die Geschwister. Er bringt uns zusammen. Und er macht, daß wir dabei so glücklich sind.

In diesem kleinen Wort »Glück«, das in die gegenwärtige Erfahrung hineingesagt ist, beginnt das Kind, etwas sehr Tiefes zu begreifen. Eine erste Vorstellung von Gott bildet sich.

Könnte so nicht auch das Gebet des Psalmisten entstanden sein?

»Herr, du kennst mich. Ich sitze oder stehe auf, so weißt du es, du verstehst meine Gedanken von ferne. Ich gehe oder liege, so bist du um mich und siehst alle meine Wege. Von allen Seiten umgibst du mich und hältst deine Hand über mir.«

Ein andermal taucht das Wort Gott im Zusammenhang mit einem Apfel auf. Rotbackig und appetitlich liegt er auf dem Tisch und soll nun gegessen werden. Die Großmutter sagt: »Ein schöner Apfel! Der soll uns gut schmecken! Weißt du, woher er kommt? Gott hat ihn auf einem Apfelbaum wachsen lassen, und nun schenkt er ihn dir. Da wollen wir uns bei ihm bedanken.«

Jetzt kann ein Gebet folgen – vielleicht ist es das erste, das das Kind mit der Oma betet: »Guter Gott, ich danke dir für den schönen Apfel. Er wird mir jetzt gut schmecken!«

Wenn Sie, liebe Großeltern, so mit dem Kind sprechen, sind Sie auf dem richtigen Weg. Immer wieder begegnet dem Kind in seinem Erfahrungsbereich der große, gute Gott. Und bald hat das Kind ganz fest im Bewußtsein: Das Gute hat mit Gott zu tun. Es kommt von ihm. Ich darf ihm dafür danken.

Wichtig ist, daß keine Phantasie- und Märchenwelt um das Wort »Gott« aufgebaut wird. Wir reden nicht von Wolken, Thron, Himmelspapa, Krone und ähnlichen Vorstellungen, sondern vom »großen, guten Gott« oder vom »lieben Gott«, dem man sich ganz anvertrauen kann. Gott gibt uns gern, was für uns nötig und gut ist. Er liebt uns.

Gott sagt immer ja zu uns, und darum müssen auch Großeltern ihre Enkel immer bejahen und es ihnen sagen. Ein zweijähriger Junge, der 10 Eier aus dem Kühlschrank genommen und auf die Erde geworfen hatte (man muß sich das einmal vorstellen!), fragte besorgt seine Oma, als diese dazukam: »Harald lieb?« Die Oma sagte: »Harald ist lieb, aber Eier auf den Boden werfen ist nicht schön.« – Ein reifes

Verhalten! Ein Kind, das solches erfährt, wird später begreifen, daß Gott, der das Böse verurteilt, uns selbst trotz all unserer Fehler und Schwächen bejaht; daß er uns vergibt, wenn wir ihn darum bitten. Gott ist und bleibt immer der Liebende.

So entsteht eine gute, richtige und tiefe Gottesbeziehung, die das ganze Leben hindurch trägt. Bald kann man den Kindern erzählen, was von Gott in der Heiligen Schrift geschrieben steht. Zum Beispiel die Geschichte von der Erschaffung der Welt enthält die für das Kind verständliche Aussage: »Gott ist der Schöpfer aller Dinge.«

Bei diesen Erzählungen können Ihnen biblische Bilderbücher eine Hilfe sein. Diese Bilderbücher können gemeinsam betrachtet, gelesen und besprochen werden. In vielen Orten gibt es vorzügliche städtische und kirchliche Büchereien mit einer Fülle kindgemäßer Bücher.

So lernen die Kinder Gott näher kennen. Allerdings ist das Erzählen meist lebendiger, persönlicher und tiefer als das Anschauen und Lesen von Büchern. Hier wird jeder selbst seinen Weg suchen und so abwechseln müssen, wie er es am besten kann. Auf jeden Fall sind besinnliche Stunden mit den Großeltern für die Enkel eine optimale Vorbereitung auf ein gedeihliches Wachstum ihrer geistigen und religiösen Kräfte.

Auch entsprechende Schallplatten können gelegentlich gute Dienste tun. Nur müssen Sie diese vorher selber kennen, sie einleiten und dann ein Gespräch anschließen. Technische Mittel allein führen ein Kind noch nicht zu Gott; sie eignen sich aber ausgezeichnet als Untermalung der großelterlichen Erzählung.

Zum Sprechen über Gott gehört selbstverständlich auch, daß Sie das Kind gelegentlich in die Kirche mitnehmen. Es hört und erfährt von der großen Familie Gottes, die sich hier versammelt. Es sieht den Taufstein und hört, daß es dort Gottes Kind geworden ist. Vielleicht gibt es auch regelmäßige Familiengottesdienste in Ihrer Gemeinde, die Sie zusammen mit dem Kind (und seinen Eltern) besuchen können.

Sie sehen, es fehlt nicht an Möglichkeiten, um das Kind mit Gott bekannt zu machen. Über Gott kann auf recht verschiedene Weise gesprochen werden. Am Schönsten ist es natürlich, wenn auch die Eltern den Glauben der Kinder begleiten.

Vielleicht können Ihre Initiativen ein kleiner Beitrag sein. Dazu gehört allerdings viel Takt und Geduld. Besonders wichtig ist das regelmäßige Gebet für die Enkelkinder. Die tägliche Fürbitte für die Enkel (und natürlich auch für die eigenen Kinder) ist oft wichtiger als alle Aktivitäten nach außen.

Vielleicht könnte Ihnen dieses Gebet eine kleine Hilfe sein: »Vater im Himmel, du hast uns beschenkt mit den Enkelkindern. Unser Leben ist durch sie reicher geworden, unsere Freude größer. Wir danken dir dafür. Wir wollen den Weg unserer Enkelkinder geduldig begleiten. Im Gebet empfehlen wir sie deinem besonderen Segen. Hilf du ihnen, daß sie im Glauben an dich ihr Leben gestalten!«

Zusammenfassend läßt sich sagen: Trotz aller Schwierigkeiten zwischen älterer und jüngerer Generation kann die positive Bedeutung der Großeltern auf dem Gebiet der religiösen Erziehung nicht überschätzt werden.

Ein nachdenkenswertes Wort des französischen Schriftstellers und Philosophen Jean-Paul Sartre sollte uns aufhorchen lassen: »Ich gelangte zum Unglauben nicht durch die Konflikte der Dogmen, sondern durch die Gleichgültigkeit meiner Großeltern.«

Wer Geld, aber keine Kinder hat, ist nicht wirklich reich. Wer Kinder, aber kein Geld hat, ist nicht wirklich arm.

Redensart aus China

*

Kinder sind oft allein, auch wenn sie gar nicht allein sind. Sie spielen in einer Hülle von Unbekümmertheit, die nur selten zerreißt: wenn sie Hunger haben oder sonst etwas Wichtiges wollen. Kurt Tucholsky

*

Kinder sind Menschen wie alle, sie sind nur noch ungeschickt im Verbergen ihrer Gedanken. Gabriel Laub

*

Das Kind ist noch offen im Zustand des sich hervorbringenden Lebens. Es fühlt und sieht und fragt, was ihm dann bald entschwindet. Karl Jaspers

»Spring!«

Erziehen heißt: einem Kind Vertrauen schenken. Wie dieses Vertrauen aussehen kann, können wir Erwachsene von den Kindern lernen. Eine kleine Geschichte zeigt dies sehr deutlich.

Eines Nachts bricht in einem Haus ein Brand aus. Während die Flammen sich ausbreiten, stürzen Eltern und Kinder aus dem Haus. Entsetzt sehen sie dem Schauspiel dieses Brandes zu. Plötzlich bemerken sie, daß Tobias fehlt, der fünfjährige Sohn der Familie. Im Augenblick der Flucht hat er sich vor Rauch und Flammen gefürchtet und ist in den oberen Stock geklettert. Man schaut einander entsetzt an. Keine Möglichkeit, sich in die todbringende Glut hineinzuwagen!

Da öffnet sich oben ein Fenster. Das Kind ruft um Hilfe. Sein Vater sieht es und schreit ihm zu: »Spring!« Das Kind sieht nur Rauch und Flammen. Es hört aber die Stimme des Vaters und antwortet: »Papi, ich sehe dich nicht!« Der Vater ruft ihm zu: »Aber ich sehe dich, und das genügt, spring!«

Das Kind springt und findet sich heil und gesund in den Armen seines Vaters, der es aufgefangen hat.

Was die Welt in furchtbaren Erschütterungen erfährt, ist nur Antwort des Menschen an das Kind und sein Gebot, zu werden wie das Kind... Kein Wort ist beunruhigender als das: Wenn ihr nicht werdet wie die Kinder. Reinhold Schneider

*

Man muß sein Herz an die Angel hängen, wenn man Menschen fischen will.

Gottfried Keller

*

Sei in dir selbst zu Haus – eher kannst du andern nicht Heimat sein. Michael Brink

Ihre Enkel brauchen Lob

Irgendwo las ich eine Geschichte von einer Großmutter, die auf einem Bauernhof lebte und dort – neben der Arbeit im Haus und auf dem Feld – auch viele Tiere zu versorgen hatte: Kühe, Pferde, Schweine, Gänse, Enten und Hühner. Zu den Tieren, die die Großmutter pflegte, gehörten auch einige Katzen. Diese hatte sie besonders gern.

Unter diesen Katzen gab es nun eine, die sich vor allen anderen hervortat. Sie fing jeden Tag so zwischen sechs und zehn Mäuse. Aber sie verzehrte ihre Beute nicht sofort nach dem Fang. Großmutters Katze hatte ihre ganz spezielle Methode.

Zunächst wurden die Mäuse im Hausflur in Reih und Glied ausgelegt. Wenn dann die Großmutter am Abend vom Feld zurückkehrte, strich die Katze stelzbeinig, mit einschmeichelnd erhobenem Schwanz und gekonntem Schnurren um die Füße ihrer Herrin herum. Erst nachdem die Großmutter die Mäuse laut abgezählt und der Fängerin ein paarmal lobend übers Fell gestreichelt hatte, begann diese, die Mäuse wegzutragen, an ihre Jungen zu verteilen oder auch selbst zu verschlingen.

So ging das tagein, tagaus. Immer wiederholte sich die gleiche Prozedur. Doch was die Katze mit ihr erreichen wollte, war ganz eindeutig: Sie wollte, daß die Großmutter mitbekam, wie fleißig sie war. Sie wartete auf ein anerkennendes und lobendes Wort.

Ähnlich geht es Ihren Enkeln. Auch sie brauchen immer wieder ein Lob, eine Anerkennung aus Ihrem Munde. Ohne Lob und Anerkennung können sie sich nicht richtig entfalten. Lob ist Lohn für eine Anstrengung, Ansporn zu neuen Leistungen oder Ausweg aus dem Gefühl der Minderwertigkeit. Wer Kinder lobt, macht ihnen Mut, das Leben zu wagen.

Es gibt sogar Zeiten, da lechzen Ihre Enkel geradezu nach Lob. Sie zeigen Ihnen stolz ein gemaltes Bild oder eine schön geschriebene Hausaufgabe. Sie erzählen Ihnen von einer besonderen Arbeit, die sie vollbracht haben. In dieser Situation brauchen die Kinder von Ihnen das anerkennende Wort: »Das hast du ganz prima gemacht. Ich freue mich mit dir über diese besondere Leistung.«

Wie schön ist es, wenn Großeltern so reagieren: Kinder, die von Oma und Opa (und hoffentlich auch von ihren Eltern) lobende und ermunternde Worte hören, fühlen, daß ihre Arbeit und ihre Leistung anerkannt und gewürdigt wird. In dieser Anerkennung erfahren sie sich selbst: »Ich habe etwas fertiggebracht. Ich bin gar nicht so ungeschickt.«

Die Ideen der Kinder beim Kasperlespielen werden phantasiereicher und eindrucksvoller, wenn die Kinder aufmerksam lauschende Großeltern als Publikum haben. Ihre Rollenspiele, ihr Ausgestalten mit den Puppen, den Stofftieren werden farbiger, wenn Großeltern lächelnd und lobend dem Spiel ihre Aufmerksamkeit schenken.

Auf diese Weise entsteht in den Jungen und Mädchen ganz allmählich ein gesundes Selbstbewußtsein und ein echtes Sicherheitsgefühl. Und beide Haltungen sind für ihr späteres Leben so wichtig.

Leider müssen viele Kinder erleben, daß ihre Väter und Mütter mit Lob und Anerkennung sehr sparsam umgehen. Eine Umfrage unter Eltern vor einigen Jahren hat ergeben, daß Väter und Mütter viel mehr vom Tadeln und Strafen halten als vom Loben. Nicht wenige Eltern meinten sogar, sie könnten bei der Erziehung sehr gut ohne Lob auskommen.

Wie oft sagen Vater und Mutter zu ihren Kindern:

»Sei doch leise!«

»Räum deine Sachen auf!«

»Setz dich hin!«

»Geh raus!«

»Mach die Hausaufgaben!«

»Laß dieses!«

»Tu jenes!«

Wie oft verbieten sie etwas, wie oft beschimpfen sie ihre Buben und Mädchen bei allen möglichen Anlässen! Es gibt sogar Eltern, deren Erziehung fast ausschließlich aus Verboten zu bestehen scheint.

Dem steht ein Experiment gegenüber, das der bekannte Psychologieprofessor Robert Rosenthal mit 400 sechs- bis zehnjährigen Kindern unternahm: Er schilderte die (willkürlich ausgewählten, durchschnittlich begabten) Kinder ihren Lehrern als besonders intelligent. Das hatte zur Folge, daß die Lehrer diesen Kindern mit positiver Erwartung begegneten, jeden Ansatz einer Leistung lobten und sparsamer waren mit Tadel. Am Ende des Schuljahres war bei den Kindern ein Leistungszuwachs zu verzeichnen, der 50 Prozent über dem Normalen lag.

Kinder brauchen Lob und Anerkennung so dringend wie Nahrung. Sie müssen immer wieder hören und erfahren, daß man sie bejaht und ihnen etwas zutraut. Anders können sie ihre besten Möglichkeiten nicht entwickeln. Großeltern, die sich aufs Loben verstehen, machen bald die Erfahrung, daß sie damit weiter kommen als mit Strafen.

Natürlich muß es im Umgang mit den Enkeln auch Gebote und Verbote geben. Das ist schon aus praktischen Gründen notwendig: weil zum Beispiel ein Kind – besonders ein kleines – viele Gefahren von sich aus noch nicht erkennt.

Trotzdem meine ich: Viele Verbote und Ermahnungen, mit denen die großen Leute die kleinen tagtäglich zurechtweisen, müßten nicht sein. Manche von ihnen dienen lediglich der Bequemlichkeit der Erwachsenen. Und manches verbieten die Älteren nur aus dem Grund, weil es auch ihnen als Kindern verboten war.

Auch einem kleinen Kind kann man oft – freilich nicht immer – erklären, warum es etwas tun oder nicht tun soll. Grundsätzlich möchte ich Ihnen, liebe Großeltern, empfehlen: So viele Verbote wie unbedingt nötig, aber so wenig wie möglich!

Ich darf noch einmal auf das Lob zurückkommen. Ihre Enkel brauchen es, Ihre Kinder, Ihr Ehepartner und Sie selbst! Ein lobendes Wort – zur rechten Zeit gesprochen – kann durch gar nichts in der Welt ersetzt werden.

Eine abschließende Kurzgeschichte will Sie einladen, das Gesagte nochmals zu bedenken:

Es war einmal ein kleines Lob, das größer werden wollte. Die Mutter strich ihm über den Kopf und meinte: »Ich fürchte, du bleibst ein kleines Lob. Vergiß nie: Ein kleines Lob ist besser als der größte Befehl!«

Auf seiner Wanderung in die weite Welt kam es zu einem Mann, der gerade sein Auto wusch: »Kannst du mich nicht gebrauchen – zum Loben?« fragte das kleine Lob. Aber der putzte weiter und sagte: »Wozu loben? Ich arbeite, damit ich Geld verdiene. Ich putze, damit mein Auto sauber wird. Alles, was ich tue, hat seinen Nutzen. Aber loben ist zu nichts nütze!« Das kleine Lob schluckte und ging weiter.

Kurze Zeit später sagte es zu einem Kind: »Ich fände es schön, wenn *du* mich brauchen könntest!« Da meinte der Junge aufgebracht: »Pah, loben! Was denn? Etwa die Schulaufgaben, die ich jetzt machen muß? Daß mein Fahrrad einen Platten hat? Oder mein Brüderchen immerzu schreit? Nein, alles ist eher zum Ärgern!« Das kleine Lob schlich sich traurig davon. Will denn niemand mehr loben?

Und das kleine Lob wandte sich an eine alte Frau. »Wen soll ich denn loben?« sagte sie unzufrieden. »Meine Kinder, die sich nicht um mich kümmern? Oder den Arzt, der schon zwei Jahre an mir herumdoktert?«

»Vielleicht könntest du ein kleines bißchen Gott loben«, sagte das kleine Lob vorsichtig.

»Ach du liebe Zeit«, rief die alte Frau, »heute ist doch nicht Sonntag!?«

»Vielleicht dafür«, das Lob blieb hartnäckig, »daß du noch lebst, daß du immer zu essen hast, die Blumen sehen kannst...«

»Was ist das alles gegen mein Rheuma und mein Alleinsein?« unterbrach die alte Frau.

So wanderte das kleine Lob weiter. Es klagte: »Alle fragen nur: ›Warum? Was bringt das? Ich habe es zu schwer!‹ Dabei gehöre ich doch zum Lebenswichtigsten überhaupt: Leben, lieben und loben – nur ein Vokal ist jeweils anders! Wenn das Leben lebenswert ist, dann ist es auch liebenswert und lobenswert. Und soll dann nicht auch der gelobt werden, der das Leben geschenkt hat?«

Und das kleine Lob kam zu dem Schluß: »Wer sich Zeit nimmt, Atem zu holen, wer wieder richtig sehen lernt, wer die richtigen Maßstäbe setzt, der kann danken und findet zur Freude zurück. Ja, und der muß einfach loben!«

*Verwöhnte Kinder sind die unglücklich-
sten; sie lernen schon in jungen Jahren die
Leiden der Tyrannen kennen.*

Marie von Ebner-Eschenbach

*

*Wer andere von einer Wahrheit überzeugen
will, der muß mit den Suchenden suchen
und leiden.* Luise Rinser

*

*Überall lernt man nur von dem, den man
liebt.* Johann Wolfgang von Goethe

*

*Ihr müßt die Menschen lieben, wenn ihr sie
ändern wollt.* Johann Heinrich Pestalozzi

Enkel machen wieder jung

Wenn ich die bisherigen Ausführungen zusammenfasse, so läßt sich sagen, daß es ein großer Gewinn für die Enkel ist, Großeltern zu haben, die ihre Aufgabe in liebevoller Verantwortung ernst nehmen. Und für die erwachsenen Kinder ist es eine willkommene Entlastung, um bereitstehende und gute Großeltern zu wissen, die helfen, wann immer es gewünscht und erforderlich ist.

Diese Hilfe ist besonders in den ersten Lebensjahren der Kinder von großer Bedeutung. Pädagogen und Psychologen sagen uns, daß die Erfahrungen und Lernvorgänge der ersten vier Lebensjahre von entscheidender und prägender Wichtigkeit für das ganze spätere Werden, Verhalten und Lernen des Menschen sind. Denn während dieser Jahre zeigen Gehirn und Nervensystem der Kinder die höchste Entwicklungsgeschwindigkeit.

Es lohnt, sich den Beitrag der Großeltern in der heutigen Zeit bewußt zu machen und sich zu bemühen, ihn zu verwirklichen. Es ist für die jungen Menschen unserer Zeit so bitter nötig, positive Vorbilder zu haben. Mit den verachtenswerten Zügen ihrer Umwelt werden sie durch unseren Zeitgeist (mehr als es ihnen gut tut) ohnehin überschüttet.

Ein Aspekt unseres Themas, der bereits in der Einleitung anklang, bedarf noch besonderer Erwähnung: Nicht nur die Großeltern bereichern das Leben der Enkel, sondern auch umgekehrt: Die Enkel geben dem Leben der Großeltern Sinn und Inhalt. Enkel steigern die Lebensfreude der Großeltern, sie machen Oma und Opa wieder jung. Eine Großmutter hat mir dies in einem Brief einmal so beschrieben:

Einige Zeit vor Weihnachten überraschten mich die Kinder mit einer ungewöhnlichen Bitte. »Dieter«, sagte meine Schwiegertochter Christine, »muß plötzlich über Weihnachten eine Vertretung in der

Schweiz übernehmen. Ich würde ihn gern begleiten. Könntest du wohl die Kinder zu dir nehmen?«

Natürlich war ich zuerst enttäuscht. Wie sehr hatte ich mich auf das Weihnachtsfest bei meinen Kindern und Enkeln im Taunus gefreut! Endlich einmal ausspannen nach den hektischen und anstrengenden Tagen im Geschäft. Raus aus dem Großstadtrummel. Nichts zu tun haben, als mit den Kleinen zu spielen und mit ihnen durch die verschneiten Wälder zu rodeln. Aber schließlich gab ich mir einen Ruck und sagte zu.

Am nächsten Tag sah die Sache für mich schon anders aus, und ich fing an, mich darauf zu freuen. Ich lief durch die Stadt und machte Weihnachtseinkäufe. Eine richtige große Bescherung wollte ich meinen Enkeln bereiten, genau wie früher, als unsere Kinder noch klein waren.

Ich kaufte und kaufte und merkte gar nicht, daß meine Brieftasche immer dünner wurde. Einen Weihnachtsbaum hatte ich auch schon lange nicht mehr gehabt. Nun suchte ich eine große Edeltanne aus und ließ sie mir nach Hause bringen.

Jetzt geriet ich in eine richtige Weihnachtsstimmung. Ich backte Weihnachtsplätzchen – das hatte ich viele Jahre nicht mehr gemacht –, stieg in den Keller und holte die Kugeln und Strohsterne, fand auch noch eine Weihnachtspyramide.

Bekannten, die mich für die Festtage einladen wollten, sagte ich ab: »Ich kann nicht kommen, meine Enkel besuchen mich zum Weihnachtsfest!« Und ich sagte es so froh, wie es mir wirklich aus dem Herzen kam.

Als die Enkel kamen, war das Weihnachtszimmer fast fertig und gut verschlossen. Mit dem geschmückten Tannenbaum und den Spielsachen darunter sah es aus wie früher, als mein Sohn noch klein war.

Es bleibt noch zu sagen, daß es für mich eines der schönsten Weihnachtsfeste meines Lebens wurde – allein mit meinen Enkeln. Ich fühlte mich um viele Jahre zurückversetzt und wieder jung wie in den ersten Jahren unserer Ehe.

Als die Kleinen schliefen, schlich ich noch einmal an ihre Betten, wie ich es früher bei meinen Kindern tat. Sie hatten rote Wangen und einen glücklichen Ausdruck auf ihren kleinen Gesichtern. Gabi hielt ihre neue Puppe fest im Arm, und Stephan träumte gewiß von seinem neuen Fahrrad.

Selten ist es mir so wie an diesem Weihnachtsabend bewußt geworden, wie schön es ist, Großmutter zu sein...

Kinder sind Gäste, die nach dem Weg fragen.   Ausspruch einer alten Frau

*

Jesus sagt: Laßt die Kinder zu mir kommen, hindert sie nicht daran! Denn Menschen wie ihnen gehört das Himmelreich.

Mt 19,14

*

Der Mensch, wenn er werden soll, was er sein muß, muß als Kind sein und tun, was ihn als Kind glücklich macht.

Johann Heinrich Pestalozzi

*

Mit Kindern gibt es viel Kummer, doch ohne Kinder ist der Kummer noch größer.

Russische Spruchweisheit

Die Kunst, Großvater zu sein

Dies ist kein Buch, sondern eine Liebeserklärung, denn als frisch gebackener Großvater greife ich zur Feder, um Ihnen von meinem Enkel zu erzählen.

Er wohnt bei mir im Haus, so daß ich befugt bin, Sie zu einem Besuch einzuladen. Es ist ein willkürlich gewählter Tag, und mein Enkel hat es erst auf sechs Monate gebracht. Seine Mutter und seine Großmutter sind auswärts, und so muß ich auf ihn aufpassen.

Für einen Großvater ist das eine Vollbeschäftigung.

Abgesehen davon, daß er dauernd umgewindelt werden muß, ist es nötig, ihm mehrmals täglich aus tiefen Tellern abwechselnd eine weiße, grüne, braune oder orangefarbene Substanz einzulöffeln. Anfangs verläuft die Fütterung friedlich. Man braucht nur den Teil des Happens, den er über die Unterlippe aufs Kinn befördert, mit einiger Geschicklichkeit doch noch in seinen Mund zu schieben. Heikel wird die Sache erst, wenn der Teller fast leer ist. Hunger hat er dann nicht mehr, und er verspürt das offenbar nicht zu unterdrückende Bedürfnis, ein Kunststück vorzuführen, das er erst kürzlich, ohne das Zutun Erwachsener, erlernt hat. Mit vollem Mund streckt er plötzlich die Zunge heraus und bläst kräftig, wodurch er eine mit gewaltigem Geräusch verbundene Eruption verursacht, die sowohl meinen Torso als auch mein Gesicht weiß, grün, braun oder orangefarben tüpfelt. Meine verständliche Bestürzung hält er für einen vortrefflichen Witz. Jedenfalls lacht er darüber schallend – ein froher Laut, der in gutgelauntes Gurren übergeht, das auch erst seit kurzem zu seinem Repertoire gehört.

Da am Samstagmittag sein Laufställchen geliefert wurde, konnte ich nach der ersten Mahlzeit eine Premiere für ihn veranstalten. Das Gitter stand im Wohnzimmer, und ich legte ihn behutsam auf die Matte.

Anfangs blieb er mucksmäuschenstill auf dem Rücken liegen und schaute mit der Miene eines beeindruckten Europäers, der zum ersten Mal auf der Rockefeller Plaza steht und sieht, wie sich die gigantischen Wolkenkratzer ins Himmelsgewölbe bohren, nach oben.

»Guck, damit sollst du herumwursteln«, sagte ich.

Und ich gab ihm verantwortungsvoll ausgesuchtes Spielzeug, das wir gerade für ihn angeschafft hatten.

Es war ein Turm aus hellfarbigen, ineinander passenden Plastikbechern. Als ich sie auf der Matte um ihn herum zur Schau gestellt hatte, würdigte er sie keines Blickes, aber er streckte gierig beide Hände nach dem goldgestreiften Papier aus, in das sie eingewickelt waren. Da gab ich ihm auch das. Noch immer auf dem Rücken liegend, breitete er es über seinem Kopf aus – ein Sonnenbadender, der sogar am Strand noch seine Zeitung liest. Schon bald entdeckte er, daß er einen starken Lacheffekt erzielte, wenn er das Papier auf sein Gesicht legte und dann plötzlich wegzog. Das alte »Guckguck« tat es noch ausgezeichnet! Zumindest schüttelte er sich immer wieder vor Vergnügen und krähte das Wohnzimmer mit ansteckender Freude voll. Deshalb fiel es mir schwer, ihn zur vorgeschriebenen Zeit in sein Bettchen zu verfrachten.

Als ich ihn schließlich doch hineinlegte, sah er mich mit vertrauensvollem Blick an, der von der Erwartung zeugte, daß wir hier, auf ganz andere Art, unsren Spaß haben würden; aber ich mußte ihn leider enttäuschen.

Wieder im Wohnzimmer, hörte ich ihn oben allerlei unbestimmte Geräusche machen. Ein Vater denkt dann: »Schrei dir nur die Lunge aus dem Hals, ich komme trotzdem nicht.« Aber einem Großvater fehlt dazu die Charakterstärke. Ihn befällt sofort die Angst, daß eine Schlange, eine Ratte oder eine Antilope in die Wiege geklettert ist, und immer wieder eilt er die Treppe hinauf, um nachzuschauen.

Sobald ich jedoch eintrete, fegt ein breites Lächeln die Protestkundgebung auf seinem Gesicht weg, und sein Quengeln nimmt eine fröhliche Wendung.

Ha, jetzt tollen wir wieder, denkt er.

Und darin behält er auch noch recht. Nein, ich glaube, daß ein Großvater ein jämmerlicher Pädagoge ist. Er beträgt sich wie ein unbekümmert genießender Blumenpflücker, wohingegen der Vater eher einem glücklichen Gärtner gleicht, der bei der liebevollen Betrachtung seines Gewächses stets an die kommenden Jahreszeiten denkt.

Aus diesem kleinen Buch wird der Leser deutlich ersehen, daß ein Großvater, der seinen Enkel unter dem eigenen Dach aufwachsen sieht und seine Libido deshalb nicht für Sonn- und Feiertage reserviert, eine irgendwie amphibolische Gestalt ist: im Grunde vielleicht weniger engagiert als ein Vater, aber bestimmt ebenso blind.

Simon Carmiggelt

Aus: Simon Carmiggelt, Die Kunst, Großvater zu sein, Zürich 1969.
Mit freundlicher Genehmigung des Sanssouci Verlags, Zürich.

Der Autor

Dr. phil. Reinhard Abeln, geb. 1938 in Osnabrück.
Verheiratet, zwei Kinder.
Nach der ersten Lehramtsprüfung Studium der Philosophie, Psychologie, Pädagogik und Anthropologie.
Seit 1970 Journalist in der Kirchenpresse und Referent in der Erwachsenenbildung.
Bekannt durch zahlreiche Veröffentlichungen über Familien-, Ehe-, Erziehungs- und Lebensfragen.

Aus der »Edition
Johannes Kuhn«:

Nimm die Jahre freundlich an

*

Zeit bringt Rosen

*

Alles fügt sich und erfüllt sich

*

Mit Humor geht alles besser

Quell

Jeder Tag ist voller Wunder!

Yitta Halberstam und Judith Leventhal
*Auch dir kann heute ein
Wunder geschehen*

*

Täglich werden Wunder wahr

*

*Auch du darfst an Wunder
glauben*

*

Jeder Tag ist voller Wunder

Quell